MÉMOIRES

D'UN ÉTRANGER,

OU

VINGT ANS A PARIS.

IMPRIMERIE DE FÉLIX LOCQUIN ET COMPAGNIE,
rue Notre-Dame-des-Victoires, 16.

MÉMOIRES

D'UN ÉTRANGER,

OU

VINGT ANS A PARIS.

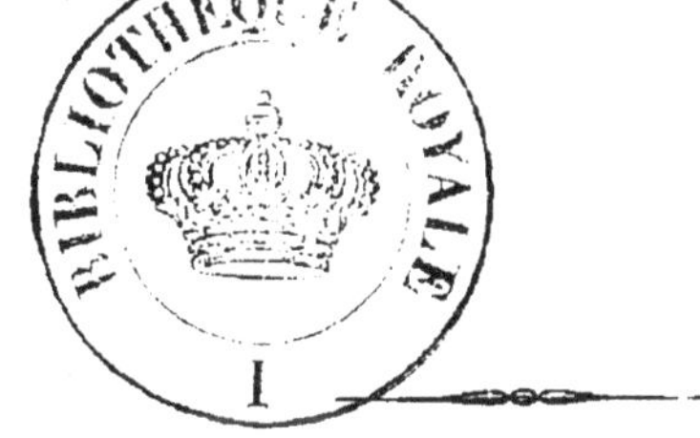

PARIS
CHEZ L'AUTEUR,
85, RUE DE LA PÉPINIÈRE.

1839.

MÉMOIRES

D'UN ÉTRANGER,

OU

VINGT ANS A PARIS.

PARIS

CHEZ L'AUTEUR,

36, RUE DE LA PÉPINIÈRE.

1839.

MÉMOIRES

D'UN ÉTRANGER,

ou

VINGT ANS A PARIS.

CHAPITRE PREMIER.

Essais littéraires. — Grands projets qui aboutissent à fort peu de chose.

—

Quoique j'eusse désiré garder l'anonyme, je serai néanmoins facilement deviné par ceux qui m'ont connu ; les détails que je vais donner ne sauraient manquer cet effet.

Je dois taire infiniment plus que je ne raconte, mais ce que je dirai sera vrai.

Beaucoup de personnes se diront tout bas que j'ai été observateur attentif, et j'espère qu'elles me sauront gré de ma discrétion.

Je passe rapidement sur les premières dix années de mon séjour à Paris. J'y débutai en publiant un petit traité d'économie politique; mais je ne disais pas que pour faire des économies il fallait commencer par. . . . .
. . . .

On m'a accusé, au contraire, d'avoir trop peu développé mes idées. Mais, quoi qu'il en soit, cette production ne pouvait pas réussir ; elle avait un vice radical de forme. L'auteur n'avait pas eu l'art de se cacher, et peut-être ne l'a-t-il pas encore.

Quant au fond, je n'ai guère changé d'idées depuis ce temps-là, et je pense que, sous ce rapport, mon plus grand tort a été d'avoir dit, il y a vingt ans, ce qu'on a dit et fait dix ou douze ans plus tard.

Dans la même année, je publiai une tragédie qui ne valait rien et qui n'existe plus ; je n'en ai retenu que deux vers qui pouvaient avoir tout au plus le mérite de l'à-propos. Les voici :

Eh quoi ! c'est donc ainsi qu'une race estimée
Rentre dans ses foyers au milieu d'une armée !

Cela me rappelle des vers que j'ai faits à peu près à la même époque en anglais, et qui expriment la même pensée :

Oh, from a spot let's hasten to remove
Where swords are drawn a doubtful right to prove,
Where bayonets rais'd a king upon a throne
By mould'ring laws, not nations, call'd his own.

Et c'est ici que deux mots peuvent trouver leur place.

Quels que soient mes sentimens politiques, ils ne sauraient être dangereux, et je m'expliquerai à ce sujet plus au long dans un autre chapitre.

Qu'il me soit seulement permis de dire ici que j'aime la paix, et que je ne voudrais pas mériter le reproche d'avoir contribué à l'interrompre.

Je suis égoïste par excellence. Dans les évènemens les plus sérieux, la première idée qui me frappe est celle-ci : En quoi cela te peut-il servir ?

Et cependant je verserais mon sang goutte à goutte, si ma mort pouvait faire cesser une loi qui m'a fait souvent frémir, et dont tant d'exemples, dans l'histoire ancienne et moderne, attestent l'insuffisance.

Dans les climats divers que les hasards d'une vie errante m'ont fait parcourir, j'ai souvent lu les procès dont les journaux rendaient compte, et j'ai été maintes fois frappé de quelque incident qui me fit voir, clair comme le jour, l'innocence des victimes sur la tête desquelles la hache du bourreau ne tarda pas à tomber; j'en fus affligé au fond du cœur, et je pleurai mon impuissance de ne pouvoir mettre un terme à des agonies dont je me peignais la cruelle durée.

Que nous nous pressons souvent pour recueillir les héritages qu'une mort quelquefois peut-être apparente nous assigne !

Est-ce que nous ne ressemblons pas un peu à ce paysan qui s'écriait : « Prenez garde au buisson ! »

J'ai vu un homme quelques heures avant qu'il fût enterré, et je suis moralement convaincu qu'on l'a enterré vivant : il avait la sueur sur le front. Quelle horrible agonie !

Je n'avais que dix-sept ans, j'en parlai ; mais on se moqua de moi : j'étais si petit ! — C'est qu'on n'avait pas encore entendu parler de monsieur *** dans ce temps-là.

Aujourd'hui je me serais plutôt cramponné au cercueil que de souffrir qu'on l'enterrât.

Un domestique qui dormait à l'entrée de son bureau m'a souvent raconté l'avoir vu, la nuit suivante, compter de l'argent et déplacer des livres. Il était caissier chez un négociant.

C'est cet accident qui fit germer dans ma jeune tête des idées de réforme qui sont devenues le rêve de ma vie, et que j'ai poursuivies depuis avec tant de persévérance et avec si peu de succès.

Mais je reprends le fil de mon récit.

Abandonnant bientôt mes projets littéraires, je cherchai à former une société de commerce et de navigation sur une grande échelle ; je n'y ai pas réussi, pas plus que dans les démarches que j'ai faites dernièrement pour faire adopter un plan pour la conversion de la dette 5 p. 100.

Je le publierai dès que les chambres auront définitivement voté sur cette question.

Je me suis occupé ensuite pendant assez longtemps à chercher la pierre philosophale.

Dans cette importante entreprise j'avais de fréquens momens perdus, que je ne croyais pas pouvoir mieux employer qu'en faisant de l'or.

Mais le résultat de mes efforts fut qu'avec de l'argent très fin je parvins à faire du fer bien médiocre.

Il y a déjà près de vingt ans que j'avais cependant réussi à produire une matière qui avait le poids de l'or, mais qui était toute blanche ; et de plus, je ne savais pas au juste comment j'y étais parvenu. Le docteur G.......—.......l se rappellera peut-être que je lui en ai parlé dans le temps ; mais de nouveaux projets, plus importans, m'occupaient alors, et je ne donnai plus de suite à une affaire si insignifiante, comparée aux gigantesques projets que je roulais dans ma tête, et dont je rendrai compte à mes lecteurs s'ils veulent bien m'écouter jusqu'à la fin, et alors peut-être aurai-je mérité leur suffrage quand je m'écrierai en déposant ma plume : *Finis coronat opera !*

J'ai encore une histoire plaisante à raconter de ce médecin, du temps où il était à l'université, et je la communiquerai à mes lecteurs, si ces lignes ne la retirent de l'oubli avant que je puisse la consigner dans mes mémoires.

Quant à la pierre philosophale, je crois qu'il

n'y a que le hasard, cet arbitre du monde, qui puisse un jour la faire découvrir. Et qui sait si je ne l'ai pas déjà trouvée sans m'en douter!

C'est le hasard aussi qui m'a fait trouver dans un des creusets que j'employais, et qui était encore tout rouge, un petit être vivant, d'un rouge bleuâtre, qui se promenait entre les inégalités que formait la litharge qui était restée au fond du creuset, et j'eus beaucoup de peine (car la peur m'avait pris) à l'enfoncer avec la pointe d'un couteau dans la litharge qui n'était pas encore durcie. J'ai longtemps conservé ce creuset, sans pouvoir y découvrir aucune trace distincte de cet être d'une création tout à fait nouvelle. A la fin je l'ai remis au feu, dans l'espoir que la chaleur pourrait bien rendre la vie à ce petit salamandre, et que je parviendrais alors à m'en emparer; mais j'ai été déçu dans mes espérances, et je n'ai plus rien produit de vivant de cette façon-là.

J'ai encore à parler de mes rêves; mais, tout rêves qu'ils sont, ils méritent bien un nouveau chapitre.

CHAPITRE II.

Mes Rêves.

J'avais imaginé un moyen pour prendre Gibraltar. C'était avec une cloche en métal, assez grande pour couvrir la forteresse ; en la soulevant par un immense ballon, je l'aurais laissé tomber juste sur Gibraltar.

Si l'on m'accorde la possibilité d'exécuter ce plan, on aura moins de scrupule à m'en accorder une autre : c'est celle de descendre la lune dans l'Océan. Il ne faut pour cela qu'une chaîne assez longue, attachée d'un bout à la terre, et de l'autre à un ballon de très grande dimension.

Avec ce ballon on irait tout droit jusqu'à la lune, on y fixerait la chaîne, et, par la révolution que fait la terre toutes les 24 heures, en fort peu de temps et avec fort peu d'efforts, la lune se trouverait à la place qu'on lui aurait destinée. On aurait le clair de lune tout à fait à sa portée, et peut-être deviendrait-elle encore plus chère à ce sexe si charmant, que s'il n'existait pas il faudrait l'inventer.

Je me serais servi de la toile du ballon, qui aurait rempli sa mission, pour garantir de l'effet d'un trop grand clair de lune les habitans de la Garonne, qui, j'en suis sûr, auraient été les premiers à applaudir à mon projet, et c'est pourquoi aussi j'aurais voulu les prendre sous ma protection spéciale.

Il va sans dire que je n'aurais pas manque l'occasion de m'y mettre à l'abri moi-même le premier; cependant, ne sont pas toujours fous ceux qu'on enferme comme tels. O Ciel! où sont tes foudres!

Le jeune comte de M...tti, s'il lit, en Italie, ces rêves, se rappellera peut-être avec plaisir que je l'ai quelquefois entretenu de tous mes projets, et je ne me souviens pas sans rire qu'il écoutait avec infiniment plus d'intérêt ces récits que toute autre chose qu'on pouvait lui apprendre, et on aurait pu dire en parodiant Schiller :

Still war's und jedes Ohr hing an des Fremdlings Munde.

Mais il est temps de finir ce chapitre; et avant de continuer le détail de mes rêves, je serai bien aise d'apprendre comment le public aura reçu ceux qui sont contenus dans cette livraison, afin que je puisse, s'il le désire, lui en offrir encore de la même façon, jusqu'à ce qu'il me dise, comme

Mme *** disait l'autre jour au médecin *** : Assez, je suffoque.

Ce médecin me rappelle un mal d'yeux qui me tourmentait il y a quelques années, et qui était accompagné de détails assez curieux pour que je puisse me permettre d'en entretenir mes lecteurs. Je le ferai incessamment, et j'en touche ici un mot, seulement pour ne pas l'oublier.

AVIS AU LECTEUR.

Je me suis tellement identifié avec mes rêves, qu'il pourrait arriver que je donnasse, sans m'en apercevoir, des rêves pour des réalités; mais on aura bientôt séparé le vrai du faux.

CHAPITRE III.

Un incident. — La Cantatrice. — Madame Popp.

Ah ! mais il faut que je raconte à mes lecteurs un incident, que je ne pourrais passer en silence. J'ajouterai que je suis de trop bonne composition pour l'attribuer à la malveillance, et je dis cela sans arrière-pensée.

Je trouvai depuis quelques semaines chez plusieurs personnes une réception extrêmement singulière, qui me frappa, et dont je cherchai en vain à deviner la cause. Ce n'est que depuis hier que j'ai pu m'expliquer le mystère.

C'est qu'on me demanda : qu'est-ce que vous avez aux mains ? Je réponds : rien ! excepté cette marque qui date de 46 ans.

On bâtissait dans notre maison, et mon frère aîné me dit : Jules, nous allons bâtir une maison, tu vas porter les briques. Il grimpe sur le tas et me jette les briques, que je ramasse non sans peine avec mes deux petites mains, et voyant son activité qui me parut un peu dangereuse, je lui dis : Charles, prends garde ! Oui, dit-il, et en même temps il m'en jette une sur la main.

Mais ce n'est pas de cela que je voulais parler; je voulais expliquer comment j'étais parvenu à faire la découverte de ce que j'avais jusqu'alors cherché en vain à approfondir.

Or, en même temps qu'on me fit la question que j'ai citée, je remarquai qu'on venait de jeter un coup d'œil dans mon chapeau : ce fut un trait de lumière pour moi.

J'avais depuis quelque temps pris l'habitude de mettre mes gants dans ma poche, au lieu de les jeter dans mon chapeau. Je ne fais rien sans motif, et il est inutile d'en rendre compte ici.

Mais cette question, jointe à l'investigation de mon chapeau, me fit rappeler quelque chose d'extraordinaire qui s'est passé il n'y a pas longtemps.

J'allai déposer ma carte chez plusieurs portiers pour qu'ils la donnent à leur maître.

Ayant été occupé de mes essais chimiques j'avais peut-être les mains un peu noires, ce qui n'était pas d'une grande importance pour remettre des cartes chez les portiers, mais je n'y fis pas attention, lorsque en entrant chez monsieur **, je demande à le voir. Je m'adresse au valet de chambre, qui me dit qu'on m'attend, puis tout d'un coup il se ravise, me débite je ne sais quoi, va et vient, puis m'introduit chez son maître, qui me reçoit très froidement et se contente de me toiser en me disant quelques paroles qui auraient pu passer pour obligeantes dans toute autre circonstance.

Quelques jours après je vais remettre ma carte chez monsieur ***. Je lui avais en même temps écrit deux mots, et je demande encore à le voir. J'entre, et il me prie de lui envoyer mon adresse. Je lui dis : mais vous l'avez, elle était dans le billet que le laquais vient de vous remettre. Oh! me répond-il, je le lui ai rendu.

Je n'ai pas voulu insister; mais, me dis-je, est-ce qu'on donne les billets qu'on reçoit aux laquais?

D'autres accueils également singuliers, et une certaine défiance que j'avais cru remarquer à accepter mes cartes, et qui me fait rire maintenant, se joignirent à ces observations, et la question d'hier que j'ai déjà racontée, compléta le mot de l'énigme.

Mais comme ce n'était encore là que des conjectures, voilà comment je m'y pris pour m'assurer de mon affaire.

Le lendemain je me présentai ganté chez plusieurs personnes, et leurs yeux, fixés sur mes mains, me convainquirent bientôt du peu de plaisir qu'elles avaient à me voir.

Pour me ménager les moyens de faire parvenir mes mémoires entre les mains des personnes qui aujourd'hui croiraient se les salir, j'ai eu soin, en me présentant dans plusieurs autres maisons, où j'ai l'honneur d'être reçu, d'ôter mes gants et de faire voir mes mains, en appelant l'attention sur une bague que j'avais à dessein mise à mon doigt. J'espère qu'on voudra bien confirmer le fait.

J'aurais pu y ajouter un certificat de mon médecin, mais j'ai pensé que ce serait superflu, parce que ce cahier va paraître demain, et une inspection oculaire vaut encore mieux que les certificats de toute la Faculté.

Pour parvenir à faire lire ma justification à monsieur ** et monsieur *** et à quelques autres personnes dont le geste et le regard avaient été trop expressifs, je me suis avisé de la leur envoyer sous couvert, sur lequel je mis en gros caractères : Smyrne par Const^{ple}. Puis je fis des entailles dans les lettres avec un rasoir, et je les trempai dans du vinaigre. J'espère que ce sera là tout le mordant qu'on trouvera dans cette brochure, et j'aurais pu l'éviter si madame *** s'était souvenue à point nommé de la demande que je lui fis il y a quelques semaines, en lui parlant du jeu d'échec.

Voilà certainement des détails qui ne sont guère bien choisis pour figurer dans des mémoirés, aussi vais-je laisser mes rêves pendant quelque temps sommeiller dans cette tête qui m'est plus chère que celles de tout l'univers, sauf une qui l'ignore, et je vais tâcher de mettre mes lecteurs en bonne humeur, en leur racontant le trait suivant d'une cantatrice qui se fit entendre à Lubeck pour la première fois en 1780. Je ne puis me tromper d'année, car je me rappelle que c'était juste quarante ans après cet hiver si rude, dont peu de personnes aujourd'hui se souviennent.

Elle chanta à faire pitié, et personne ne voulut plus l'entendre; mais elle était jolie comme un ange. Il en résulte qu'elle obtint facilement qu'on l'entendît encore une fois.

Elle chanta le lendemain, mais alors ce fut autre chose. Elle ravissait son auditoire.

Ce qu'elle avait fait la veille, elle l'avait fait exprès pour jouir d'un triomphe d'autant plus flatteur qu'il n'était dû qu'à son mérite.

Si jamais mes mémoires ont du succès à Paris, je me garderai bien d'en accuser les habitans des faubourgs St Germain et St-Honoré, y compris le boulevart.

Puisque j'en suis à raconter des histoires, en voici encore une qui s'est passée à Hambourg il y a déjà bien des années.

Deux jeunes officiers prussiens venaient d'y arriver de Berlin, et ayant entendu parler de madame Popp, qui ne cédait en rien à madame Bernard de fameuse mémoire, ils commandent une voiture pour s'y faire conduire à l'instant même.

Mais, par une méprise, le cocher les conduit chez le sénateur Poppe, qui donnait ce soir-là une grande fête.

On les reçoit comme des étrangers que quelque invité aura amené, et ces messieurs n'ont rien de mieux à faire que de se mettre à table, puisqu'on venait de servir le souper. Ils s'entretiennent avec leurs voisines, un peu librement à la vérité, mais ce sont de jeunes officiers, bien faits, aux manières distinguées, et surtout, quand on vous parle à demi-voix, beaucoup de choses se pardonnent quelquefois.

Tout le monde sait qu'il y a de certaines petites occupations où les femmes aiment à être en compagnie.

Or, le hasard voulut que, aussitôt après le souper, les deux dames, cédant sans doute à cette envie, sortirent ensemble, après s'être dit en riant quelques mots à l'oreille.

Elles se retirent dans une chambre à coucher, et nos deux officiers, qui s'imaginent que l'heure du berger allait sonner pour eux, s'empressent à les suivre de près, et les abordent avec plus de familiarité encore qu'ils n'avaient osé montrer jusqu'alors. Elles se mettent à crier, on accourt, et quelques mots suffisent pour expliquer la méprise. Monsieur le sénateur eut l'attention de faire atteler ses chevaux pour faire conduire les jeunes gens à leur destination primitive, où l'on n'aura pas, sans doute, jeté les hauts cris.

Comme il y a de mauvaises langues partout, même à Hambourg, il y en eut aussi qui allèrent jusqu'à prétendre, si chacune de ces dames eût été seule, que l'interruption aurait pu se passer plus paisiblement. Mais je ne le crois pas. Il y a quelque chose dans l'ame de la femme (car je lui en accorde une) qui n'est pas si facile à vaincre que l'on s'imagine.

Hambourg réveille mille souvenirs dans mon ame.

Il m'y est arrivé une chose inexplicable et d'une nature grave, qui tient, je pense, à une des questions les plus intéressantes qui s'agitent depuis le temps de Mesmer. Mais elle vaut bien la peine que je lui consacre un nouveau chapitre.

CHAPITRE IV.

Lettre répondue avant que de l'avoir reçue. — Magnétisme. — Le mal d'yeux. — Bon mot de Monsieur R.

—

Je connaissais à Hambourg une personne avec laquelle j'entretenais une correspondance active qui dût se faire à l'aide de quelqu'un qui recevait mes lettres, et qui me remettait celles qui m'étaient destinées.

Il s'agissait d'intérêts qui devaient avoir la plus grande influence sur le sort de deux personnes dont j'étais l'une. J'en fus vivement occupé, et il paraît que je n'étais pas le seul.

Cela me tourmentait tellement qu'une nuit, ne

pouvant dormir, je me lève pour répondre sur le champ à une lettre que je venais de recevoir. Ma lettre finie, je me recouche, et le lendemain, avant de la cacheter, je veux encore relire celle à laquelle j'avais répondu ; je cherche, mais je ne puis mettre la main dessus. Je me résigne, et je cours porter ma lettre. On m'en remet une autre. Qu'on juge de ma surprise, lorsqu'en l'ouvrant, je trouve ma lettre égarée.

Je me rappelle, pendant mon séjour à Groningue, qu'un médecin offrit, en ma présence, un pari de cent ducats, qu'il irait avec nous à Amsterdam, et que là, à l'heure même que nous lui indiquerions pendant notre séjour là-bas, il endormirait une jeune personne qui était à Groningue, et qu'il traitait dans ce temps-là. Le pari ne fut point accepté. Mais, lui dis-je, n'iriez-vous pas aussi bien jusqu'à Batavia ? Certainement, répondit-il ; et je pense que le mot de madame de Sévigné pourrait bien s'appliquer ici : Ce n'est que le premier pas qui coûte.

J'ai pris dans un des précédens chapitres un engagement que je m'empresse de remplir pour n'avoir plus à m'en occuper, parce que ma tête commence à se refuser à garder tant de choses.

Je fus attaqué, il y a quelques années, d'une maladie d'yeux qui fit en fort peu de temps d'effrayans progrès. J'allai consulter les plus célèbres oculistes de Paris.

Ils me donnèrent des avis fort différens qui ne firent qu'ajouter à ma perplexité.

A la fin je me mis entre les mains de M***. Cet habile médecin parvint à arrêter le mal, mais il me dit qu'il fallait de très grands soins, et un traitement non interrompu pendant assez longtemps, si je ne voulais m'exposer à perdre la vue.

Ceci me contraria pour plus d'un motif, et je cédai au conseil d'un ami (à ce que je crois) pour voir M*** que je n'avais pas encore consulté. Il me dit : le cas est très grave ; allez dans telle rue où il y aura une consultation de médecins ! Je lui dis que je n'y manquerais pas, et je n'en fis rien. Car il me vint dans l'idée qu'on pourrait peut-être vouloir faire sur moi quelques expériences, et je n'avais pas envie de risquer mes yeux pour sauver ceux d'un autre, quand ce serait le plus grand prince du monde.

Je m'en allai en rêvant à mon malheur. Si je pouvais donc trouver un moyen pour me guérir moi-même, me dis-je. Soudain je suis frappé d'une idée. Je me rappelai le mot d'un célèbre orateur : Il n'y a pas d'effet sans cause. Or, j'avais remarqué déjà plusieurs fois que le matin à jeun et un peu avant dîner mon mal empirait.

Rentré chez moi je me mis à manger, et je me trouvai mieux. Je répétai cela toutes les fois que mes yeux me faisaient mal, et au bout de quelques mois j'étais guéri. Cependant je ne mangeai pas dix-huit côtelettes de porc avec une quantité correspondante de macaroni.

J'ai beaucoup connu à F..n..ur. monsieur R.thsch.ld père. Un jour j'étais à table avec lui, et on parla d'un fonctionnaire qui n'était pas fort aimé dans le pays. Quelqu'un dit : er wird versetzt werden. Versetzt ? dit M. R. Gehn Sie doch ! auf den leiht ja kein Mensch einen Schilling.

La manière dont j'ai écrit le nom de M. R. me rappelle un curieux manuscrit allemand que j'avais déterré dans un coin de la Norvége, et que j'ai malheureusement égaré dans le cours de ma vie aventureuse. Ce manuscrit pouvait remonter aux temps les plus reculés. Il ne contenait pas une seule voyelle. On sait que la racine des mots allemands se trouve dans les consonnes et non dans les voyelles.

Puisque je viens de citer quelques mots allemands, autant vaut y ajouter encore deux lignes. Ce sont les premiers vers que j'ai faits :

Ach, du armer Enterbeter,
Was thaten dir denn deine Väter?

Je pense que le lecteur me fera volontiers grace du reste, et peut-être approuvera-t-il cette pensée :

Dem Himmlisch=Schönen einen neuen Reiz zu geben, schuf Gott die Vergänglichkeit, doch Vernichtung, die er bedarf, hofft der Verworfene vergebens.

J'ai encore deux mots allemands à ajouter. Monsieur *** me rappelle une prérogative royale qui existait autrefois, et qui existe peut-être encore, dans le nord de l'Europe : Es ist die Schärfung der Strafe.

Apprenez l'allemand ; je vous le conseille.

CHAPITRE V.

La bévue. — Distraction. — Encore un souvenir de Hambourg. — Les deux premières livraisons dans un tube cylindrique.

—

On vient de me rendre un service en m'informant que j'ai fait une grande bévue dans une affiche que j'ai fixée l'autre jour sur le mur de la maison que j'habite.

Pour l'intelligence de mes lecteurs je vais la donner ici textuellement, car j'én ai gardé la copie. La voici :

La première livraison des Mémoires d'un étranger ne paraîtra que dans quelques jours.

Les personnes qui ne savent pas lire le français sont priées de s'adresser chez le portier au fond de la cour à gauche.

Heureusement personne ne s'en est aperçu, et je me garderai bien d'en parler. Mais je suis si distrait. En voici un autre échantillon.

Un jour, et il y a déjà bien longtemps de cela, mon ami R. de H. me dit : « Je sais toujours quand vous êtes chez vous. C'est que je vois la lumière dans votre chambre. »

Le lendemain je veux rentrer chez moi et, rempli de cette idée, je regarde à la fenêtre de ma demeure ; n'y voyant pas de lumière, je me dis : « Il n'y est pas », et je m'en vais au café.

Hambourg occupe toujours ma pensée.

Il y avait à *** un négociant du nom de D. que je connaissais. Nous nous étions rencontrés à Hambourg; je crois que c'était en 1806. J'arrivai de Doberan, et, me promenant un jour sur le Jungfernstieg, je passe devant la Alte Stadt London. Il m'aperçoit de sa fenêtre, me fait signe et me dit : « Je pars, mais j'aurai quelque chose de très-intéressant à vous dire. Ainsi, dès que vous serez arrivé à ***, venez me voir, quand ce serait à minuit. J'arrive à onze heures du soir; j'avais couru la poste deux jours et deux nuits, et j'étais fatigué à n'en pouvoir plus. Je me couche aussitôt, et le lendemain je vais chez mon ami. Il était mort : il s'était empoisonné cette même nuit avec de l'opium.

Beaucoup de personnes pourront encore se rappeler cette circonstance que je leur ai racontée dans le temps; mais je ne leur ai pas dit que j'avais vu vers le matin l'ombre du défunt apparaître devant mes yeux. C'est depuis ce moment que je sus qu'il y avait une autre existence pour nous.

Mais laissons là pour un moment Hambourg et ses charmans environs, et parlons d'autre chose.

Tout le monde peut connaître ce jeu d'enfant que les grandes personnes ont quelquefois imité, du moins dans mon pays. Je vais en donner une description que ceux qui dans leur enfance se sont livrés à ce jeu reconnaîtront sans peine.

Il s'agit d'une baguette qu'on introduit dans un tube cylindrique dans lequel on a placé auparavant une boule en étoupe, puis on y met une autre qui chasse la première.

C'est ainsi que je me sers de la deuxième livraison pour faire partir la première.

Mais il est temps de reprendre le récit de mes rêves, qui fera le sujet d'un nouveau chapitre.

CHAPITRE VI.

Mes rêves continués. — Aventure à Florence.

—

J'aspirai à délivrer ce globe des lois de la nature en le faisant voyager lui-même. Je l'aurais fait creuser, et j'augmentais de cette façon son volume. Il en résulte qu'il serait devenu relativement plus léger et qu'il se serait élevé dans l'air avec plus de facilité et de vélocité.

Dans les vides ainsi créés j'aurais raréfié l'air, et, en le laissant s'échapper, j'aurais pu diriger la marche de la terre, et, de cette façon, j'aurais très facilement pu parvenir à visiter la majeure partie des planètes que maintenant l'œil aperçoit à peine; et qui sait si ce n'est pas de cette manière que les comètes sont sorties de leur sphère?

L'exécution de cette idée, quelque extravagante qu'elle puisse paraître au premier abord, pourra cependant un jour devenir d'une utilité directe pour ce globe, lorsque quelque comète menacerait de le heurter dans son passage, ou bien aussi pour échapper au refroidissement progressif de la terre.

C'est que je m'imagine que, dans quelque grand bouleversement de la nature, un fragment de quelque corps brûlant s'est détaché de l'immensité et a formé ce globe, en s'entourant dans sa chute d'une atmosphère qui, par sa densité relative, produisit une nouvelle création , l'espace ; et même je ne suis pas éloigné de croire que cette atmosphère n'existait pas dans le commencement (peut-être parce que la chaleur la rendait superflue), ce qui expliquerait alors comment il se fait que, dans des temps reculés, on ait pu voir le ciel ouvert et tous les dieux en présence. Mais, pour en revenir à mon sujet, je dirai qu'il a fallu un grand laps de temps avant que cette masse brûlante ait pu se refroidir.

La richesse extrême de la matière a dû d'abord produire des salamandres (dont j'ai lieu de croire que la race est bien dégénérée depuis ce temps-là), ensuite des hommes, des animaux, des fruits et des fleurs.

Dans cette hypothèse il ne serait pas étonnant si la terre se refroidissait graduellement et s'il venait un temps où notre race ne pourrait plus y exister, à moins de faire usage du moyen que j'ai indiqué afin de se rapprocher du soleil.

Il y a quelques années qu'une comète menaçait de heurter cette terre ; j'avais aussitôt trouvé le moyen de me mettre à l'abri d'un tel désastre. J'en touchai un mot à mademoiselle *** qui habitait A., espérant qu'elle en parlerait et que je pourrais être appelé à en rendre compte en présence du prince de ***, dont je brûlais d'envie de faire la connaissance; mais elle n'y fit pas attention, croyant que ce n'était qu'une plaisanterie. Voici mon plan :

Nous nous serions enfermés avec toutes les nécessités et commodités de la vie au fond d'une des mines les plus vastes et les plus profondes que l'Europe possède et dont on se serait rendu l'acquéreur.

Il aurait dépendu ensuite de la force du choc si cet expédient, dont tous les détails étaient et sont encore présens à ma mémoire, eût pu nous sauver; mais j'avoue que je rougis de l'égoïsme de ce projet.

J'avais imaginé aussi des chemins de fer en y appliquant le système de sir Isaac Newton jusqu'au point où il cesserait d'agir sans un extrême fini des rails et des roues, fini qui était indispensable à mon plan. Mais il est devenu inutile d'en donner de plus amples détails depuis que les chemins de fer sont partout en pleine activité.

J'avais projeté une boule, creuse en dedans, et d'une capacité assez grande pour contenir quelques milliers de personnes. Elle irait à la manière d'un fusil à vent de Paris à Calais, et de là à Douvres et Londres. L'air extérieur ne pourrait pas pénétrer dans l'intérieur. On en comprend la nécessité quand on réfléchit que le trajet de Paris à Londres, y compris les délais, ne dépasserait pas une demi-heure. Je fais grace à mes lecteurs des nombreux détails qu'exigeait une si vaste entreprise.

A cette idée se lie celle d'un chemin souterrain de Calais à Douvres qui abrégerait encore considérablement la durée du trajet, de sorte qu'on pourrait écrire de Paris à ses amis de Londres, et en avoir réponse en moins de temps qu'il n'en faut aujourd'hui pour de pareilles communications entre le faubourg Saint-Honoré et celui de Saint-Germain; mais où sera le faubourg Saint-Germain et celui de Saint-Honoré quand ces rêves recevront leur exécution?

J'avais ensuite conçu le plan d'un grand pont de bois flottant entre Calais et Douvres.

Ce pont résisterait à la fureur des flots par le même principe qui permet de suspendre, pour ainsi dire en l'air et sans soutien apparent, un corps pesant, expériment qui est facile à faire et qui ne laisse pas d'être très curieux. J'en ai donné, il y a plusieurs années, un petit modèle à mademoiselle A.

C'est là encore que j'ai trouvé l'idée de faire servir le vent contraire à l'accélération même de la marche des bateaux à vapeur.

Ce pont de bois ne devait servir au surplus qu'à la construction d'un pont de fer que je voulais jeter sur le détroit de la Manche.

Après tant de projets gigantesques je ne devrais peut-être pas seulement parler d'un plan qui m'a longtemps occupé, et beaucoup de personnes qui me connaissent le croiront facilement.

C'est de faire venir le bois du Nord, et les articles de peu de valeur qui nous viennent de là, par le moyen de grands radeaux mus par la combinaison des voiles et de la vapeur.

Le nolis relativement très considérable à dû me fournir cette idée qui est loin d'être inexécutable.

Ce n'est que lorsque le premier essai aura été fait qu'on s'étonnera qu'il n'ait pas eu lieu depuis longtemps.

J'ai fait une allusion à toutes ces spéculations dans le petit opuscule dont j'ai parlé au premier chapitre.

Je me suis aussi occupé sérieusement de la possibilité de construire des bateaux à vapeur imprenables qui, en temps de guerre, pourraient aller chercher les flottes ennemies jusque dans leurs ports même ; mais il ne s'agit pas encore de cela dans ce moment-ci.

Ensuite j'avais imaginé de grands filets en fer pour prendre les vaisseaux ennemis à leur passage.

Mon principal motif dans toutes ces spéculations étant d'empêcher l'effusion du sang, il s'est naturellement dû présenter à mon imagination un stratagème (que j'aime mieux garder pour moi encore) pour faire prisonniers, sans tirer un coup de fusil, les ennemis qui viendraient envahir les frontières.

Je n'ai jamais vu les bords de la Garonne, et cependant il me semble que j'ai vécu sous ce beau ciel dans un temps bien éloigné. Faut-il croire à la métempsycose? Je reviendrai encore sur cette matière, sur laquelle j'ai à raconter une circonstance extraordinaire qui date de mon séjour en Italie.

Mais, pour continuer mes rêves, je vais d'abord laisser ici une lacune, dont au moins une personne à Paris a le secret, et reprendre la chaîne de mes idées.

S'il y a un pays où les moulins à vent abondent, c'est la Hollande; mais on y est exposé, comme partout ailleurs, à un grand inconvénient, celui de n'avoir pas de vent pendant la moitié de l'année.

Pour y remédier je proposai à ces messieurs de leur faire de grands réservoirs destinés à intercepter le vent à son passage, et d'où ils pourraient alimenter leurs moulins à volonté.

Je leur offris même de leur vendre au poids le vent tout fait et enfermé en ballots; mais nous ne pûmes tomber d'accord sur les conditions de notre marché. Ils ne voulaient pas payer l'emballage, ce qui ne faisait pas mon affaire.

Beaucoup plus tard, je proposai par une chaleur étouffante au commerce de *** d'établir au bout du quai un soufflet pour donner de l'air; mais le temps changea et on n'y pensa plus, malgré l'utilité du soufflet qui devait en même temps balayer les rues.

A propos de soufflet j'aurai encore quelque chose à dire que je réserve pour une autre occasion, et je parie que les personnes qui sont habituées à entendre l'herbe croître sauront vous dire ce que je veux raconter; mais elles pourraient encore se tromper, comme elles se sont trompées à l'égard du bon mot de M. R.

Mais en voilà assez maintenant, je crois, de rêves; et pourtant je me promets bien d'y revenir quand on y pense le moins.

Je termine par cette pensée à laquelle on accordera peut-être le mérite de la nouveauté, quoi qu'en ait dit M. de ***.

L'art d'écrire nous est donné pour cacher le fond de nos pensées, que la parole, moins sur ses gardes, ne trahit que trop souvent.

J'étais à Florence en 1817. Un jour je me

promenais dans le jardin Pitti : j'étais absorbé dans mes pensées, lorsque soudain les accens d'une voix douce et harmonieuse frappent mon oreille.

Quelles étaient ces paroles, je n'en sais rien : elles étaient effacées de ma mémoire aussitôt que j'eus levé les yeux, car je perdis tous mes sens, hormis la vue. C'était une beauté ravissante, dans la fleur de l'âge, qui était devant moi.

Je fus cependant bientôt revenu, à ce que je crois, de ma confusion, et alors je l'entends dire: Nous n'avons pas un moment à perdre, partons.

Je lui offre mon bras pour la conduire hors du jardin, mais en ce moment j'aperçois à l'autre bout de l'allée un homme qui s'avance vers nous à grands pas. Il faut bien qu'elle l'ait aperçu aussi, car, en s'écriant : ô ciel! elle tombe inanimée à mes pieds; et on verra par la suite qu'elle aurait tout aussi bien pu tomber dans mes bras qui ne l'auraient que trop volontiers reçue.

J'allais lui porter quelque secours, lorsque je

me sentis rudement touché sur l'épaule. Je me retourne et je vois devant moi ce même homme que j'avais déjà remarqué au bout de l'allée. Il me dit : Vous allez sur le champ me rendre raison de votre conduite. Il ne me laissa pas le temps de lui répondre, car au même instant j'entends un coup de pistolet et le sifflement d'une balle, accompagnés de ces paroles : Voici votre café, monsieur; dix heures viennent de sonner. J'ouvre les yeux et j'aperçois devant moi le domestique de l'hôtel, et sur la table à côté du lit le déjeuner. J'avais rêvé. Mais par une coïncidence bizarre, si ce n'est pas l'effet d'une illusion, j'ai vu quelques années après à Paris, aux Bouffes, cette même figure angélique. Elle était dans une loge à côté de la mienne ; mais je n'osai pas lui parler, m'imaginant qu'elle ne se serait pas aussi bien que moi rappelé de la circonstance qui m'avait procuré le plaisir de la connaître, et j'aurais craint de la faire rougir en lui indiquant le véritable lieu où je l'avais vue pour la première fois.

CHAPITRE VII.

Du 3/6 et d'une autre qualité qui n'est pas tout à fait de la même force. — Augmentation du prix de ces MÉMOIRES. — Le professeur Jahn. — Nos amis les ennemis.

—

Mademoiselle **** disait l'autre jour : Si vous demandez à M.R. : quel temps fait-il ? soyez bien sûr qu'il vous répondra mémoires.

Voici la réponse qu'elle fit à M. ***, qui lui demanda : Et les ordonnances, mademoiselle? (Elle avait été malade.) Peut-être, répondit-elle sur le champ, avait-on tort de ne pas les rapporter.

On m'a fait dernièrement (c'était un samedi) une observation dont j'admire la finesse.

Après la lecture du premier cahier de mon

ouvrage, mademoiselle *** me dit que ce n'était pas à cinquante ans qu'il fallait commencer par écrire des mémoires. Je lui fais mon compliment d'une remarque aussi profonde que judicieuse; mais je pense que le mérite pourrait bien en appartenir à madame ***, qui aura fait cette observation la veille, et qu'on aura seulement répétée : elle en porte bien le cachet.

Ensuite on me fit remarquer que le prix d'un franc était beaucoup trop élevé, puisqu'on faisait de très belles éditions à 30 c. qui avaient encore de plus le mérite de valoir quelque chose.

Vive la franchise. Elle mérite bien que je m'empresse de profiter de la leçon pour lui montrer que je suis bien plus docile qu'elle. C'est donc cette considération, jointe au renchérissement des céréales, qui m'engage à porter le prix de chaque cahier à 1 fr. 25 cent. Cependant je les livrerai successivement, à dater du 15 janvier, au prix d'un franc à tous ceux qui me feront présenter le prospectus dans lequel je les offris à ce prix.

Quant aux personnes qui pourraient désirer s'éclairer d'une manière sûre si le prix de 1 fr. 25 cent. est trop cher ou non, je leur indiquerai un moyen infaillible pour arriver à la solution de ce problème. Qu'elles mettent sur leur table un de mes cahiers et une feuille qui leur coûte le même prix, et qu'elles se demandent ensuite: S'il fallait se priver de l'un ou de l'autre, lequel sacrifier? Je n'ai pas peur de perdre mon procès.

Mais pour parler d'autre chose, il me faudrait des cuirs (pas des velours), car les pauvres ont bien besoin de souliers.

En sortant souvenez-vous des pauvres.

Prüfet alles und behaltet das Beste.

Cette manière brusque de m'exprimer peut paraître friser l'incohérence et rappeler le mot de Napoléon: «il n'y a qu'un pas du sublime au ridicule». Mais j'en tracerai nettement la ligne de démarcation, et j'aurai soin de ne pas la dépasser.

J'ajoute un trait du professeur Jahn de Berlin.

Un jour, en sortant avec ses élèves par la porte de Brandenbourg, il dit à un d'entre eux, en désignant du doigt la place qu'ornait naguère le char de triomphe que Napoléon avait fait enlever: Qu'est-ce qu'il y avait là ? — Le char de triomphe, lui répond-on. — Où est-il ? — A Paris.— Qu'est-ce qu'on en pense ? — Rien, fut la réponse qui lui valut un vigoureux soufflet, accompagné de ces paroles qui ont retenti dans toute l'Europe : Il faut l'aller chercher.

Voici la réponse que fit un haut fonctionnaire français à une des sommités de l'armée prussienne qui venait d'envahir Paris pour réclamer sa large part dans ce nom significatif : nos amis les ennemis, que le Français, né malin, ne tarda pas à lui donner.

En arrivant à Paris, ce personnage de marque, né sans doute sur les bords de la Sprée qu'il avait peu quittés, je pense, n'eut rien de plus pressé à faire que de demander ce qu'était devenu le char de triomphe. Je n'en sais trop rien, fut la réponse, mais je le ferai chercher sur le quai aux ferrailles.

Relato refero.

CHAPITRE VIII.

Les trois compartimens. — Quelques espiégleries. — Traits curieux.

J'ai dans ma tête trois cases distinctes pour ne pas entremêler mes idées.

La première est à gauche et contient tout ce qui est relatif à mes projets, les langues que j'ai apprises, les connaissances que j'ai acquises, les événemens sérieux de ma vie, et enfin des traits spirituels et curieux que j'ai recueillis; mais cette case commence à déborder, et j'ai été obligé d'en verser un peu dans celle du centre qui n'était destinée qu'aux souvenirs et projets de mes plaisirs passés et à venir; mais comme je viens d'accomplir ma cinquantième année, il s'y trouve de la place; cependant elle commence également à s'emplir depuis qu'elle est devenue la succursale du côté gauche.

Il faudra donc que je désemplisse un peu la case à droite qui contient en plus grande partie tout ce qui a rapport à mes intérêts. Le reste de cette troisième case se compose du recueil de mes propres bons mots et espiégleries.

C'est de ces dernières, qui se trouvent à l'extrême droite, que je vais maintenant ôter quelques unes pour les confier au papier; et en même temps j'en ferai part à mes lecteurs, ce qui m'évite la peine de les écrire deux fois; car je n'aime pas les répétitions, et j'en ai d'excellentes raisons que je n'ai pas besoin d'expliquer pour les recommander très sérieusement à la réflexion de mes lecteurs. Cela leur fera plus de bien que de vouloir imiter le comte de ***, de célèbre mémoire, qui échoua en vue du port.

Tout Paris sait que je suis grêlé. J'avais acheté un petit miroir, dans lequel je me regardai plus souvent encore (ce qu'on aura de la peine à croire) que ne le fait aujourd'hui mademoiselle ***, sans doute pour s'assurer de ses propres yeux combien elle est jolie. Moi je le faisais pour voir si les marques de la petite-vérole n'avaient pas disparu depuis que je m'y étais miré la dernière fois.

J'avais alors douze ans, et j'apprenais l'anglais chez le professeur Fallenstein. Il était pétri d'esprit, mais il avait un grand défaut, il était ivrogne.

Un jour, dans la classe, il me dit : *explain what is a beast !* — *Here*, *sir*, lui dis-je, en lui tenant mon petit miroir devant la figure. Il me renvoya et j'aurais mérité pis ; mais il était bon enfant. Il ne tarda pas à me pardonner mon espiéglerie, et je devins bientôt son favori, malgré les sottises que je lui disais à toute minute. Il en fut enchanté, au contraire, et un beau jour il me dit : Je veux t'amener chez ton père, il faut qu'il te fasse étudier. Je le voulais bien, car j'étais las de copier des lettres que j'aurais écrites mieux moi-même ; mais on ne me fit pas encore l'honneur de m'en confier la rédaction.

Nous nous mîmes donc en route pour voir mon père. On ne voyage pas vite dans ce pays-là, et, quoique la distance ne fût que de huit lieues, nous n'y arrivâmes que le lendemain.

Beaucoup de personnes peuvent encore se rappeler cette soirée que nous passâmes à la table d'hôte im schwarzen Bären, au premier, où M. Fallenstein fit briller tout son esprit et sut captiver l'attention de son auditoire jusqu'à trois heures du matin, où nos chevaux arrivèrent pour nous conduire à notre destination.

C'était cette même nuit remarquable que Justus Gruner a consignée dans la relation de son voyage, en citant la chanson qu'il avait entendue en arrivant devant l'hôtel :

So leben wir,
So leben wir alle Tage.

Pour en revenir à mon sujet, mon père aurait volontiers cédé aux instances de mon protecteur; mais il n'avait pas les moyens de faire face à cette dépense, et, malgré mon jeune âge, il eut la bonté de m'en parler avec une effusion de cœur qui fit couler ses larmes et les miennes.

Ceux qui ont lu ses ouvrages peuvent se former une idée de la douceur de son caractère.

Madame *** a traduit un morceau qu'elle a publié, il y a plusieurs années, dans un keepsake français, en l'attribuant à Jean Paul; et il faut que je me trompe beaucoup s'il n'était pas de mon père. C'est la nuit du vieillard. Quelle belle leçon pour la jeunesse.

Ce sera un devoir pour moi, aussitôt que mes moyens me le permettront, d'exécuter un projet de mon frère Maurice, en publiant une nouvelle édition de l'ouvrage qui contient ce beau morceau.

J'étais bien espiègle dans ce temps-là.

On venait de me confier toute la correspondance, et voici comment cela se fit.

J'avais une longue lettre à copier, et j'eus le malheur de renverser l'encrier dessus, cependant la crainte d'être grondé me suggéra aussitôt le moyen de faire disparaître la tache.

C'est un secret dont la connaissance entière, avec tous les détails que trente-huit ans de réflexion ont pu y apporter, pourrait devenir funeste et compromettre les fortunes les plus colossales.

Puisque je l'ai gardé si longtemps, on ne s'étonnera pas que je l'emporterai dans la tombe. Mais je reprends mon récit.

Avant que de pouvoir me procurer ce qu'il me fallait pour cela, j'entends mon chef qui monte l'escalier. Il me semble encore entendre le bruit que faisaient ses pantoufles, et je croyais déjà le voir mettre son bonnet de côté, ce qu'il faisait quand il allait se mettre en colère. J'étais bien petit, et je me cache bien vite sous le pupitre. M. *** entre sans m'apercevoir, et, voyant le dégât que j'avais fait, il dit : Ah ! le petit drôle, il faut qu'il m'écrive cette lettre au net. Je n'eus pas plus tôt entendu cela, que je sortis de ma cachette en disant : Je vais le faire tout de suite. Il se mit à rire, et, comme je réussis à y faire quelques heureux changemens, il en fut frappé et me confia toute sa correspondance.

J'avais composé là dessus dans le temps un morceau dont je n'ai retenu que la fin. La voici :

und also jählings, wie ein lichter Stern, trat ich aus dunkler Nacht hervor.

Mais pour en revenir à l'espiéglerie que je voulais raconter, il arriva peu de temps après que j'eus à expédier une cinquantaine de lettres pour différentes villes de la France avec des connaîssemens de certaines futailles de quincaillerie, qu'un fabricant d'Allemagne expédiait en France sur un navire destiné pour Bordeaux. Il aurait fallu mettre le connaissement et la note des frais de chaque envoi dans la lettre correspondante. Mais je ne fis pas cela : je les pris au hasard, et je mis en outre l'adresse sur chaque lettre également au hasard, en ayant seulement soin de ne pas rencontrer juste.

Il en résulta que les quincailliers de toute la France eurent besoin de plus d'un mois pour débrouiller une pareille confusion.

Qui croirait qu'après avoir traité messieurs les quincailliers avec si peu de façons, j'irais encore, comme je vais le faire à l'instant même, les heurter de front? mais je le fais de peur qu'ils ne me le fassent.

C'est qu'ils ont l'habitude de faire porter les barres de fer d'une manière et à une heure qui me paraissent également dangereuses.

On les porte sur l'épaule dans une position horizontale, et cela le plus souvent vers le crépuscule, probablement parce qu'on ne voit plus clair pour faire autre chose.

Il est vrai qu'en vous heurtant ils ne manquent jamais de crier : gare.

Mais je reviens à mes espiégleries.

Quand il y avait des lettres à expédier pour les Indes, je laissais rarement passer l'occasion d'y glisser quelque petite lettre destinée pour un lieu peu éloigné. Je leur fis faire ainsi le grand voyage parce que je savais que cela rendait le vin de Madère meilleur, et je voulus en voir l'effet sur ces lettres.

Cela me rappelle une histoire qui arriva à peu près à la même époque et dans la même ville.

Il venait de mouiller sur la rade un grand Trois-mâts de Batavia ; et on avait l'habitude, quand on y allait, de dire tout court : Je vais à Batavia.

Or, il arriva que le patron d'un petit bateau, qui n'avait jamais vu la mer, fut engagé à porter à bord de ce vaisseau le foin dont sa barque était chargée et qu'on lui acheta à cette condition.

On lui explique où il doit aller et il part. Mais à peine sorti du port il s'élève un grand vent qui le pousse hors de l'embouchure en pleine mer, où il ne tarde pas à être rejoint par un grand navire.

Aussitôt qu'il peut se faire entendre il demande : Est-ce à vous qu'il faut que je livre mon foin ? On lui dit que non ! Alors, reprend-il, où allez-vous donc? On lui répond : A Batavia. Voilà juste mon affaire, dit le marin d'eau douce, et il suit le navire de près, ce qui ne lui est pas difficile à cause du calme qui a succédé à la bourrasque.

En sortant de la Manche, l'équipage du Trois-mâts, voyant cette frêle barque s'aventurer dans l'Océan, la laissa approcher, et on demanda au patron où il allait? Comme vous, à Batavia, fut la prompte réponse. On le fit venir à bord, et l'erreur s'expliqua ; mais un vent favorable s'étant élevé, il n'y eut plus d'autre remède que de hisser la barque sur le pont du Trois-mâts, et de lui faire faire le voyage des Grandes-Indes.

Je me souviens d'un navire que j'ai vu il y a bien des années en Hollande. C'était un vaisseau de guerre qui avait été bâti sur la Moselle. Il était d'une capacité assez grande, mais la construction était des plus bizarres.

On y entrait par le moyen d'une échelle, et l'intérieur représentait une maison rustique avec ses portes et fenêtres, écurie, grange, jusqu'au four en briques qu'on avait placé dans un coin. Les mâts étaient de l'épaisseur de mon bras et les voiles tout au plus de la grandeur d'un petit drap de demoiselle. On avait pratiqué des deux côtés de ce singulier bâtiment soixante-quatorze ouvertures rondes de deux pouces de diamètre, qui étaient destinées à recevoir les bouches des canons de ce Trois-mâts de curieuse invention. Si je ne me trompe, il a été vendu en Hollande pour quatre-vingt-cinq florins avec tous ses agrès et apparaux.

Mais je reviens encore une fois à mes tours de page.

Un jour je m'étais tellement enfoncé dans mes rêves que j'avais oublié les lettres que je devais porter à la poste, car j'étais le *fac totum*. Je voyais que je pourrais encore les faire partir si le chef du bureau des postes voulait bien les recevoir.

Je quitte donc pour un moment mon trône et mes palais, et je prends un liard, que j'enveloppe dans un petit morceau de papier, et que j'offre avec mes lettres à M. le chef du bureau des postes, qui a souvent lui-même raconté cette espiéglerie.

Je n'avais que sept ans, et j'étais encore dans la maison paternelle, lorsqu'un soir qu'on m'avait amené dans une société une dame me demanda si je savais déjà épeler? Oui, madame, lui dis-je, je le sais. Alors épelez mon nom, me dit-elle. Je commençai : F. r. a. u. Frau. — A. u. s. Aus — m. i. e. mie — Ausmie — n. e. r. ner — r. i. n. rin — Närrin. Tout le monde se prit à rire, sauf elle, et cela passa pour l'effet du hasard, car j'avais trop peur d'être grondé.

Mais en voilà assez d'espiégleries pour le coup, et je vais me hâter de changer de matière.

Qu'on me permette seulement de rapporter une curieuse apostille, que fit un négociant de la même ville, dont j'ai tant parlé tout à l'heure, à une longue lettre qu'il avait fait écrire par son commis à M. Sébastien Fridag, consul de Prusse à Londres. Voici ce curieux modèle de confusion :

N'en croyez rien, c'est K. qui l'a écrite.

M. Fridag fut fort embarrassé pour savoir ce qu'il fallait faire. Monsieur C. H. M. junior se le rappellera bien, puisqu'il y était dans ce temps-là.

Pour dédommager mes lecteurs, je veux leur copier une lettre qu'écrivit un distillateur de genièvre de Schiedam à son correspondant à Rotterdam :

Courez et achetez mille lasts de seigle, tirez sur moi : je paierai.

C'était du bon temps de la Hollande, où les négocians faisaient remuer leurs écus avec des pelles, pour les empêcher de moisir ; où leur luxe consistait en de grands vases de Chine et du Japon, dont ils garnissaient leurs appartemens, et qu'ils remplissaient jusqu'aux bords de *goude ryders* et *ducatons* (pièces d'or et d'argent); où un paysan de Broek in Waterland, avec sa petite pipe à la bouche, offrit au prince Maurice de Nassau deux millions de florins en lui disant qu'il pourrait disposer du double s'il en avait besoin; où un laitier des environs de La Haye dota ses trois filles chacune d'un million de florins.

CHAPITRE IX.

Broek in Waterland. — Arrivée en Norvége et entretien avec le prince Christian. — Dérangement de la tête de l'auteur. — Le chambellan Ancher. — Il est bon là, M. Delorme !

—

Alles schweige,
Jeder neige
Ernstern Tönen nun sein Ohr.

Napoléon venait de placer sur son front le diadème impérial.

A cette époque j'étais à Broek in Waterland.

On m'avait tant parlé du luxe et surtout de l'extrême propreté qui régnaient dans les maisons de ce charmant village, que j'exprimai à mon hôtesse le désir de voir ce qu'il y avait de plus beau dans ce genre. Elle me dit : C'est la maison d'une telle, mais elle est très difficile, et ne vous la montrera pas ; elle l'a bien refusé à l'empereur Joseph, en disant qu'il serait bourgmestre d'Amsterdam qu'il ne la verrait pas. Mais, lui dis-je, il l'a pourtant vue. Vous avez raison, me répondit-elle ; mais elle le refuserait peut-être aujourd'hui tout de bon, car elle n'aime pas les empereurs.

Eh bien, lui dis-je, en ce cas allez-y et dites-lui que je suis du bois dont on fait les empereurs par le temps qui court.

Elle y alla et la dame me fit voir sa maison. Nous nous entendîmes bientôt, et c'était vraiment dommage qu'elle avait soixante-dix ans passés. J'aurais eu une bonne fortune, et elles ne me pleuvaient pas.

Parmi la foule d'objets de luxe et de curiosité que renfermait cette maison, je remarquai un magnifique bassin en or massif de la forme la plus gracieuse, qui portait pour inscription ce beau vers de Gœthe :

Ich halte diesen Drang vergebens auf.

Elle était bien versée dans la langue allemande et elle avait choisi elle-même ce vers.

Elle existe encore, mais c'est dans un autre lieu où la mort n'a plus de prise sur elle.

Ich zähle die Stunden des Wiederseh'ns.

Mais je continue. Quand nous étions au plus fort de notre inspection, le mari arriva, et, sans franchir le seuil, il dit à sa femme : laisse - moi donc voir notre maison. Sa réponse, bien connue en Hollande depuis ce temps-là, fut : *Jaap*, *gy blyft buiten* (Jacques, vous resterez dehors), et puis elle me dit : peut-être n'y entrera-t-il plus qu'une fois. Elle voulait dire s'il venait à mourir avant elle.

Un seul trait peut suffire pour donner une idée de la propreté de cette maison. Tout le monde sait que les rayons concentrés du soleil, se montrant par une échappée dans une chambre fermée aux volets, font voir des nuées de poussière qui s'agitent, en tournant, dans ce foyer. Eh bien, les rayons y furent, mais non pas la poussière.

Je dînai un jour chez un négociant de Groningue. On ne se servait pas de serviettes, mais il y avait sur la table un petit torchon mouillé à l'usage de tout le monde.

Mon hôte, qui aperçoit quelque chose au doigt qui le gêne, prend le torchon pour s'essuyer, hésite un moment, et finit par mettre le doigt dans sa bouche comme l'endroit le moins propre dans toute la chambre.

On raconte des Hollandais (mais je ne puis en répondre, car c'était avant mon temps) qu'ils avaient l'habitude de suspendre à un fil, attaché au plafond de la chambre où ils prenaient le thé, un morceau de sucre candi, que chacun suçait un moment et qu'on se jetait avec beaucoup d'adresse de bouche en bouche.

Mais ce dont j'ai été témoin, ce fut à bord d'un

navire hollandais sur lequel je m'étais embarqué pour aller à Gothembourg.

Nous fûmes obligés de relâcher en Norvége pour cause d'avaries. Il vint des Norvégiens à bord et le capitaine leur offrit du café. Il appelle le mousse (ce n'était pas moi), et lui dit de le préparer. Combien faut-il que je prenne de fèves? lui demande le mousse. Le capitaine regarde autour de lui, compte le nombre des personnes et dit: prenez six fèves.

J'étais bien embarrassé à mon arrivée en Norvége, puisqu'il fallait affirmer sous serment que je ne venais pas de l'Angleterre, avec laquelle on était en guerre dans ce temps-là, et contre laquelle on nourrissait une rancune qui ne me paraissait pas sans motif; et j'ai souvent dit que je regarde Quiberon, Copenhague et Sainte-Hélène comme des taches dans les pages de l'histoire de l'Angleterre.

Voici des vers que je fis il y a à peu près vingt ans.

To worthless plants, unknown before, conveys
The star of light her vivifying rays,

So he, whom kings obeyd, leaving a scene,
Where Europe's plains the famous field had been,
To unknown folks gave in his fall a name,
And unknown rocks obtain'd immortal fame
Thus *** like *** will live,
And history a page to St-Helena give.

Mais je continue ma narration.

Il fallait donc faire serment que je ne venais pas de l'Angleterre, et cependant je venais tout droit de Leith en Ecosse. J'y étais venu des bords de l'Ems, dont M. Jean V*** de G*** disait :

Amis, voulez-vous voyager
Sans ennui et sans fatigues,
Gardez-vous bien de passer
Le long de l'Ems et de ses digues.

Mais mes souvenirs se réveillent en foule, et il faut que je m'interdise ces interruptions continuelles.

J'ai dit que je m'étais embarqué sur l'Ems pour aller en Ecosse.

Arrivés à la hauteur de Newcastle, le capitaine me dit : Si vous voulez venir sur le pont, vous verrez Newcastle. Etait-ce un pressentiment ou seulement l'effet de mon indolence, je n'en sais rien, mais je n'y montai pas et je ne sortis de ma chambre que pour mettre pied à terre sur la jetée de Leith.

Leith encore m'offre des souvenirs que j'ai de la peine à ne pas confier tout de suite au papier, mais je vais suivre mon récit.

Je fis donc ma déposition, et, quand on me demanda dans l'interrogatoire si je venais de l'Angleterre, je répondis : l'Angleterre, je ne l'ai pas seulement vue de ma vie.

Cela se passa ainsi. Les marins, qui ont la conscience fort élastique, ne firent point de façons, mais le capitaine, qui avait quelque chose qui ressemblait de loin à des principes religieux, se tira d'affaire d'une autre manière.

Il était rusé et voici comment il s'y prit.

Il parlait un peu la langue du pays et il avait remarqué que l'interprète était fort embarrassé, parce qu'il ne savait pas beaucoup le hollandais.

Or, il y a un mot qui veut dire en danois vrai, et en hollandais du sable. C'est le mot Sand. Aussitôt que le juge eut dit à l'interprète : dites-lui qu'il jure que sa déposition est vraie, le capitaine ne lui laissa pas le temps de poser la question en hollandais, et lui répondit sur le champ : Je jure que mon navire est chargé de sable.

L'interprète, qui n'avait pas trop bien entendu, mais qui était fort content d'en être quittte à si bon marché, donna une réponse satisfaisante, et on n'en demanda pas davantage.

Quoique je me sois nommé le premier dans cet interrogatoire j'étais cependant le dernier, parce que je m'étais fait inscrire sur le rôle d'équipage comme mousse, afin de pouvoir sortir du pays pour passer en Angleterre, ce que les décrets de Napoléon avaient interdit sous peine de mort; et j'éprouvai beaucoup de difficultés à faire comprendre aux autorités en Norvége qu'il y avait des mousses hollandais qui se promenaient avec des habits faits chez Stultz et une cravache à la main.

J'eus besoin de leur raconter ce que j'ai dit à la page 64 de ces Mémoires pour le leur faire comprendre, et je crois qu'il y en avait qui en doutaient encore.

De ce nombre fut le prince Christian de Danemarck, que je vis à Christiania, où je m'étais présenté chez le ministre pour lui demander un passeport, que le Stiftsamtmand, comte de Danneskiold-Lövendahl à Fossum, m'avait déjà refusé avec toute la politesse qui le distinguait. Je l'avais demandé, parce que je ne voulais pas rester tout l'hiver dans ce pays-là, où il faisait un froid du diable ; d'ailleurs j'avais besoin d'aller à Gothembourg, quand ce n'aurait été que pour toucher 15,000 fr. que je devais y recevoir chez MM. Carnégie et C°. MM. Ramsay Williamson et C°. de Leith se rappelleront sans doute cette circonstance dans laquelle ils furent employés.

Mais le ministre refusa ma demande. Alors je lui dis : Dann müssen Sie mir Diäten geben (il faut que vous me donniez de quoi vivre). Je ne l'avais pas sitôt dit que je vis sortir d'une embrasure un personnage que je n'avais pas encore aperçu (c'était le prince Christian, vice-roi de Norvége), qui me dit : Vous voulez avoir de quoi vivre. Je vous en donnerai, et du logement à Kongsberg par dessus le marché. Je savais que c'était une forteresse où l'on gardait les prisonniers d'état. Cela ne m'arrangeait pas et je lui dis : Ne vous occupez pas de mon logement et j'aurai moi-même soin de ma nourriture. Vous ferez bien, me répondit-il.

J'eus souvent occasion depuis de le voir et de causer avec lui, mais je me gardai bien de lui parler de passeport. Il me semblait toujours voir le mot de Kongsberg errer sur ses lèvres. J'étais comme la souris qui joue avec le lion, mais pas sans avoir peur.

Quelques années après j'étais devenu bien plus hardi, comme on verra par la suite.

Plus tard j'aurais pu me procurer un passeport

que mademoiselle de Gyldenpalm de Porsgrund voulut me procurer, mais j'avais déjà fait tant d'agréables connaissances que je ne demandai plus à partir, et je ne quittai ce pays qu'avec bien des regrets.

Ce même M. Jean V*** de G*** que j'ai déjà nommé, et que j'aurai encore occasion de nommer dans une circonstance où il a montré son beau caractère, avait reçu l'invitation de faire ce voyage, mais il le trouva trop dangereux. Moi, je l'acceptai parce que j'avais à cette époque autre chose en vue dont j'ai deja parlé et dont je parlerai encore en temps opportun.

J'ai dit que le capitaine hollandais n'était pas très fort en matière de religion. Voici un trait de ce brave homme.

Les officiers du navire se réunissaient à l'heure du repas dans ma chambre, et j'avais le livre de prières ordinairement sur la planche de mon lit que je ne quittais que fort rarement. J'avais soin de le lui offrir quand il voulait faire la prière à haute voix, comme cela se pratique à bord de beaucoup de navires.

Arrivés en vue de l'Ecosse par un temps magnifique, je le lui offris comme d'habitude, mais il se mit à rire en disant : Nous n'en avons plus besoin, nous voilà arrivés.

Il était déjà bien vieux, mais je ne sais pas s'il existe encore.

Je ne puis pas comprendre comment il se fait que plusieurs traits que je viens de rapporter se sont trouvés dans la troisième case. Cela me donne de l'inquiétude. Est-ce qu'il y aurait du dérangement dans cette tête? J'en serais bien fâché, et je vais m'assurer à l'instant même s'il y en a encore d'autres pour les faire sortir au plus vite d'un endroit où ils n'ont que faire. En voilà un qui peut très bien trouver sa place ici.

Un jour je dînai chez le frère du chambellan Ancher à Christiania. Il y avait beaucoup de monde, et nous nous mîmes à jouer après le dîner. Le chambellan tenait les dés, et il avait peut-être vingt ou trente mille écus sur la table. Un lieutenant de la marine, qui commandait un navire marchand, et qui avait déjà perdu beaucoup, s'écria : Va banque ! — *Valuta* i Banken! fut la réponse. — Voici de quoi vous répondre, lui dit le capitaine, en désignant du doigt son navire qu'on apercevait de la fenêtre. Mon frère, dit le chambellan, donnez-moi l'écritoire. Il rédige un contrat de vente qu'il fait signer au capitaine, puis il joue et gagne soneca. Eh bien, dit-il, monsieur le lieutenant ! Celui-ci lui répond : Vous avez gagné, et cela finit là. Non pas, dit Ancher, je ne l'ai fait que pour rire, et il déchire le contrat. De pareils traits font bien ressortir la petitesse de beaucoup de gens qui veulent appartenir à l'élite de la société; mais aussi je leur parlai toujours en maître, et jamais je ne leur parlerai autrement.

C'est Ancher qui composa ces beaux vers sur la princesse de Danemarck :

Dit Smiil er alle Dyders Tolk.
Lyksalig Prinds, lyksalig Folk.

Et sur la mort de sa femme :

For mig blev Verlden öde
Da du, Mathea, döde.

J'ai encore un autre trait à rapporter de lui, mais, comme il se trouve à sa place dans la première case, il n'est pas nécessaire de le déranger. Je crois cependant qu'il y en a encore dans la troisième. En voilà un que j'attrape par la queue:

Il est bon là, monsieur Delorme !

Il y avait à *** un aubergiste du nom de D***. Un soir, la veille du départ du coche, plusieurs voyageurs étaient à table, et, en parlant de madame D*** qui était fort jolie, un des voyageurs offre un pari qu'il remplacerait M. D*** avant leur départ. Le pari fut accepté, et voici comment il s'y prit :

Il savait que M. D*** se levait à quatre heures pour surveiller le transport des malles au coche. Il le guette et aussitôt qu'il est parti il entre dans la chambre à coucher que l'autre venait de quitter.

Ce qu'il y a fait, je n'en sais rien, mais on raconte que M. D***, revenant de sa besogne et s'étant recouché, par une coïncidence singulière a provoqué de la part de sa femme une exclamation de surprise qui lui fit deviner sur le champ le tour qu'on venait de lui jouer. Il s'habille et court au port, mais le coche descendait déjà le fleuve. Il était jour, et les voyageurs, l'apercevant sur le quai, s'écrièrent : Il est bon là, monsieur Delorme !

CHAPITRE X.

Les marins suédois

J'étais à Doberan, et il y a déjà plus de trente ans de cela, lorsqu'on m'écrivit un accident effroyable qui venait d'arriver dans un coin de l'Allemagne.

Trois marins suédois eurent le malheur par une forte tempête de chavirer à l'entrée du port, et en se cramponnant à un pieu (DUC D'ALVE), enfoncé dans le lit du fleuve, ils parvinrent à s'y soutenir pendant cinq ou six heures à la distance d'une portée de fusil de la jetée, où la moitié de la ville ne tarda pas à accourir pour contempler avec une compassion stérile un si affreux malheur. Quelques tentatives furent faites pour sauver ces malheureux, mais on n'y réussit pas. En ce moment M. Jean V*** de G***, qui était bien loin d'être riche dans ce temps-là, arrive sur la jetée et offre spontanément mille florins à celui qui parviendrait à les sauver. Personne n'osa plus le tenter et ils périrent. Si Sir **** avait été là ils vivraient peut-être encore, et je suis heureux de pouvoir lui exprimer ici tout le respect dû à son noble dévouement pour la cause de l'humanité, qui le range parmi les Wilberforce et tant d'autres qui, les premiers, ont élevé la voix contre cet infâme trafic de chair humaine, auquel, par une cruelle ironie, on vient de donner une nouvelle existence sous un autre nom.

Je m'arrête ici, et c'est à vous que je m'adresse, noble ***, et à vous, soutien d'un peuple opprimé. Que votre éloquente voix se fasse entendre, pour une si belle cause, dans cette enceinte que vous avez si souvent fait retentir de bruyantes acclamations, comme le tonnerre accompagne la foudre.

Suite des Mémoires d'un étranger, ou vingt ans à Paris. *Paris, chez l'auteur*, 85, *rue de la Pépinière*. 1839.

PROSPECTUS PUBLIÉ LE 16 JANVIER 1839.

La manière inusitée de publier des mémoires par cahiers est uniquement due aux faibles moyens qui sont à la disposition de l'auteur, et qui ne lui permettent pas de les faire paraître de suite en entier.

Qu'il ne veuille avoir affaire ni aux libraires ni aux journalistes, cela tient à cet esprit de réforme qu'il professe.

Le motif qui l'a spontanément décidé à écrire ses mémoires est une dette dont il faut qu'il s'acquitte, dût-il labourer la terre pour y parvenir. C'est le fruit de cinq années d'économie d'une personne qu'il avait à son service.

Il ajoute quelques notes explicatives aux quatre premiers cahiers de son ouvrage.

Il existe dans la vie aventureuse de l'auteur une circonstance d'un grand intérêt pour beaucoup de personnes, et qui se rattache aux deux vers qu'on trouve à la page 7. Il en rendra compte dans son ouvrage en temps et lieu opportuns, et il espère que les détails qu'il donnera à cet égard lui concilieront la bienveillance de tous les partis. Il les prie, en attendant, de se rappeler ce vers si connu de Boileau :

Le vrai peut quelquefois n'être pas vraisemblable.

A la page 9, et plus tard toutes les fois que l'occasion s'est présentée, il a voulu agir sur l'imagination de ses lecteurs afin de les amener insensiblement à réfléchir d'une manière sérieuse sur cette grande vérité : qu'il existe une vie future.

Il parle, à la page 10, d'une publication prochaine sur la dette cinq pour cent. Il la ferait dès aujourd'hui s'il ne craignait pas le sort de Christophe Colomb dans le problème qu'il proposa avec un œuf de poule.

Quand l'auteur s'est écrié à la page 15 : « O ciel, où sont tes foudres ? » il a cru donner une preuve qu'il sait sacrifier jusqu'à son amour-propre d'auteur en choisissant une transition et une diction qui peuvent paraître également déplacées. Il l'a fait dans le seul but de mieux fixer l'attention sur une question aussi sérieuse.

Il en a fait autant à la page 50; car il n'ignore pas (et il écrit ces lignes avant que la quatrième livraison ait quitté la presse), que de pareilles choses déparent son ouvrage.

Que le lecteur bienveillant daigne lui tenir compte de la pureté de ses motifs, car faut-il dire que le surplus de 25 cent. est destiné au soulagement de l'infortune?

L'Auteur.

Paris, ce 16 janvier 1839.

Paris. Imprimerie d'Ad. Éverat et Comp., rue du Cadran, 14 et 16.

CHAPITRE XI.

Révélation étrange relative à Ankarström. — Entrevues avec Gustave IV Adolphe à Stralsund. — Conversation avec le comte de M....r à Schien. — Traits du chambellan Ancher et du prince royal de Danemarck.

—

Je n'étais âgé que de dix-sept ans lorsque j'arrivai un soir dans un petit village aux environs de *** en Hollande.

Il n'y avait dans l'auberge qu'une seule chambre à deux lits, dont l'un était occupé par un autre voyageur.

Le lendemain nous déjeunâmes ensemble, et je lui dis : Vous ne devriez jamais coucher avec un autre dans la même pièce. Vous ne saviez donc pas que vous parlez en dormant; puis je lui répétai les paroles qui lui étaient échappées.

Promettez-moi, me dit-il, de ne révéler ce secret qu'à une seule personne que je vous nommerai. Je le lui promis, en lui faisant observer que je ne lui en aurais pas parlé du tout si j'avais eu l'intention de le trahir. Cela parut le rassurer, et il me raconta les détails de l'événement qui interrompait son sommeil.

Quand il eut fini sa révélation il sortit, et un moment après j'entendis une détonation; il venait de se brûler la cervelle.

Il était Suédois et d'un rang distingué. Son secret se rattachait au complot d'Ankarström, et en dévoila les mobiles cachés.

Ils seront connus un jour, mais ce sera dans un

autre pays : *Es ist das Land, ihr kennt es nicht, in dem mein guter Vater wohnt.*

J'eus occasion l'année suivante d'en entretenir à Stralsund le roi Gustave IV Adolphe, car c'était lui qui m'avait été désigné. Il en fut vivement ému, et j'eus occasion de me convaincre que, si sa tête n'était pas des mieux organisées, au moins il avait le cœur bien placé, et l'un peut valoir l'autre.

J'eus plusieurs entretiens avec lui, dans lesquels je lui parlai de mes projets, et spécialement d'un stratagème pour enlever Napoléon au milieu de son armée. Ce n'est pas ici le moment de développer mes moyens d'exécution, qui devaient au surplus dépendre en partie des circonstances et des occasions fortuites qu'il aurait fallu saisir, et qui pouvaient facilement naître des combinaisons que j'avais imaginées et des ressources qui étaient à ma disposition.

Mais je commençais déjà à éprouver une influence funeste qui m'a inspiré cette indifférence pour bien des personnes qui cachent leur froideur sous les dehors d'une bienveillance toujours feinte et souvent perfide. Cependant il faut que je fasse ici une exception (et peut-être devrais-je en faire deux) en faveur de l'homme le plus froid que je connaisse, mais qui est certainement incapable de perfidie. C'est le jeune *** (M. P.), à qui la filleule de Louis XVIII donnait l'air tout chiffonné.

Mais je continue mon récit. J'avais prié le roi de me garder le secret; cependant j'ai tout lieu de croire qu'il ne l'a pas fait. Quoi qu'il en soit, je le trouvai quelques jours après considérablement refroidi sur mon compte, ce que j'ai attribué à une longue conférence que M. de W......... avait eue la veille avec M. d'A......, ministre de ......, qui était à Stralsund dans ce temps-là.

Peut-être M. de W. m'en voulait-il parce que j'étais parvenu à parler au roi à son insu; mais je n'avais pas assez de confiance en lui, et peut-être le roi lui en accordait-il trop.

Je n'ai reparlé au roi de mes projets qu'à Heligoland, où j'allai le trouver en 1811.

J'ai aussi connu à Stralsund le général comte A...... C'était un homme entreprenant; mais je m'aperçus bientôt que notre manière de voir les choses différait trop, et je ne lui fis point d'ouvertures, pas plus qu'à son gendre, le comte P...., dont l'air insouciant ne me fit pas concevoir l'idée que je pourrais tirer parti de lui dans la poursuite de mes plans.

Le comte de M....r, que je rencontrai quelques années plus tard à Schien, dans les salons de madame de Rehbinder, se souviendra peut-être encore d'une conversation que nous eûmes sur les différens personnages que je viens de nommer, et sur lesquels je ne lui dissimulai pas ma façon de penser.

Puisque me voilà revenu en Norvége, je vais consigner ici le trait du chambellan Ancher, dont j'ai parlé dans le chapitre précédent.

Le capitaine d'un de ses navires, lui ayant sauvé la vie pendant son passage de Copenhague à Christiania, se présenta le lendemain de leur arrivée chez son maître pour lui demander ses ordres. Je n'en ai plus à vous donner, lui dit Ancher ; la frégate que vous commandez vous appartient, et en voici le contrat de cession.

Ce trait me fait rappeler celui du prince royal de Danemarck, qui a régné depuis sous le nom de Christian VII.

Il venait d'arriver à Venise, et son banquier le conduisit au *ridotto.* On y jouait gros jeu dans ce temps-là, et il y avait une somme très-forte sur le tapis.

Le prince prend une carte et dit : Va banque. Le marquis de ***, qui taillait, interrogea du regard le banquier du prince, qui lui fit signe qu'il répondait du paiement.

Le prince gagna, et allait faire enlever son gain, lorsqu'un noble vénitien, dont j'ai oublié le nom, et qui était assis auprès du tapis vert, s'écria : Cet argent m'eût sauvé. Alors prenez-le, lui dit le prince.

CHAPITRE XIII.

Voyage à Heligoland et rencontre singulière. — Retour dans la maison paternelle. — Autre voyage à Heligoland et entrevue avec le comte de Gottorp. — L.ve.s..o.. en retranchant trois syllabes.

—

De retour en 1809 de mon premier voyage en Norvége, j'allai à Heligoland, où je fis une rencontre assez bizarre.

C'était celle de mon cousin germain qui dînait pendant son séjour dans cette île à la même table que moi, et avec qui je m'entretenais fort souvent. Je ne l'avais jamais vu, et il nous avait été amené par M. Francis Köhler, qui ne savait pas encore à cette époque que le nom que je portais n'était pas le mien. Son ami, par conséquent, l'ignorait aussi, et le hasard voulut que M. Köhler, qui était Polonais, ne l'appelait jamais par son nom que les étrangers ne prononcent pas facilement. Il en résulta que nous nous quittâmes sans nous douter des liens qui nous unissaient, mais qu'il doit connaître maintenant.

Il accompagna un peu plus tard madame Bathurst dans son voyage en Allemagne. Elle était à la recherche de son mari, qui y avait disparu d'une manière inconcevable.

Ce voyage n'eut pas la réussite qu'on en avait espérée. Mon cousin ne fut guère plus heureux dans celui qu'il entreprit bientôt après son retour en Angleterre.

Ayant conçu depuis longtemps le dessein d'explorer l'intérieur de l'Afrique, il s'embarqua pour Mogador, où il prit à son service un Maure qui l'accompagna jusqu'à Tombuctou, et qui a été fortement soupçonné de l'avoir assassiné.

On l'a trouvé nanti de beaucoup d'objets qu'on savait avoir appartenu à son maître.

On n'a jamais pu avoir d'autres nouvelles de ce voyageur que celle de son arrivée et de son départ de Tombuctou, avec l'intention de pénétrer plus avant dans l'intérieur de l'Afrique.

J'ai lu l'année passée un article dans un journal parisien, dans lequel on disait que M. Caillé avait été le premier voyageur européen qui eût visité cette ville. Cela me paraît au moins problématique, puisque mon cousin était Européen, si je ne me trompe. Mademoiselle ****, qui est si fière de son petit savoir, pourra peut-être me fixer là-dessus. A cet effet je vais lui donner quelques renseignemens qui pourront la guider dans ses recherches. Il était né à Neuwied. Son père, qui habitait cette petite ville, était ébéniste, et les magnifiques meubles qui sortaient de ses ateliers lui valurent une réputation qui a fourni à Goethe l'occasion de consigner son nom dans un de ses ouvrages.

Je reprends le récit de mon premier voyage à Heligoland.

Il était curieux de voir les plénipotentiaires du haut commerce de toute l'Europe réunis sur une petite île au milieu de la mer du Nord. C'était alors le grand entrepôt des denrées coloniales et des articles de manufacture qui devaient approvisionner les marchés du continent entier; et en outre ce petit rocher devint souvent un lieu de rendez-vous pour les personnages les plus illustres, comme on le verra par la suite.

La vie y était excessivement chère et on était fort mal logé. Je partageai avec M. Jules Voumard de Genève une petite mansarde que nous payâmes 14 francs par jour à nous deux.

Les affaires s'y multipliaient avec une telle rapidité, qu'on n'eut pas le temps de se reconnaître. Un jour M. Voumard descendit sur la plage et acheta en vente publique une forte partie de café légèrement avarié. Elle lui fut adjugée à 6 pence la livre, et il la revendit le jour même 12 1/2.

Ce fut cette année, ou la suivante, que la première pierre pour le nouveau fanal fut posée. J'assistai à cette cérémonie, et le gouverneur Sir William Osborne Hamilton m'engagea à ajouter quelques pièces monnayées à celles qu'on y déposa suivant l'usage. J'avais une dizaine de fort anciens ducats sur moi, et je les y jetai. Dans des siècles à venir ils pourront donner lieu à des conjectures erronées sur les premiers souverains de cette île.

Ces ducats avaient fait partie d'un nombre considérable de pièces d'or et d'argent que j'avais amassées en Norvége, où les ducats avaient cours au taux de deux rigsdalers papier. Ces billets de banque étaient déjà fortement en baisse, et, en payant les ducats même un peu plus cher que leur valeur nominale, ils ne me revenaient encore à peu près qu'à la moitié de leur valeur intrinsèque. C'est en partie pour cette opération que je voulus aller à Gothembourg, pour y toucher mes 15,000 fr. dont j'ai parlé à la page 75.

Pendant mon séjour à Heligoland, un domestique voulut retourner dans son pays avec ses petites économies, qui s'élevaient à environ 3,000 f., et qui lui furent volées au moment où il allait s'embarquer.

Pour lui épargner une nuit d'insomnie, mes amis et moi nous lui remîmes le même soir la somme qu'il avait perdue, et que nous n'eûmes aucune difficulté à réunir : nous n'étions cependant que des roturiers.

Cela me rappelle une circonstance à peu près pareille, qui remonte à près de neuf ans, et que j'ai fait assez connaître; mais je fus loin d'obtenir le même succès. Je voudrais posséder l'art de m'expliquer davantage sans blesser personne.

En 1810 j'étais revenu dans la maison paternelle.

Notre province venait d'être réunie au grand empire; les lois sur la conscription m'atteignirent, et je fus obligé de tirer au sort. Lorsque j'eus remis mon bulletin au sous-préfet, il prononça à haute voix le n. 19; mais je m'aperçus que le point était à gauche, et, comme ce n'était pas de l'hébreu, je lui dis : Retournez-le ! Il le fit, et répara l'erreur en annonçant le n. 61, qui était le plus haut numéro qu'il y eût dans l'urne.

Quelques jours après je rencontrai le préfet dans un dîner, à J****. Comment faut-il que je comprenne cela, me dit-il, vous vous réjouissez d'être affranchi de la conscription, et cependant vous montrez partout des dispositions guerrières; est-ce que vous voudriez entrer au service comme volontaire? — Oui, lui répondis-je, mais ce sera lorsque je verrai l'ennemi vis-à-vis de moi et non pas à la tête de nos bataillons.

Beaucoup de personnes, que la faulx du temps

a épargnées, peuvent encore se souvenir de cette réponse.

En 1811 j'allai encore faire un voyage à Heligoland, où je trouvai le comte de Gottorp. Je lui reparlai de mes projets et il ne fut point éloigné d'y prêter la main.

J'ai déjà dit ailleurs que je voulais m'emparer de la personne de Napoléon, et j'avais fait plusieurs plans pour y parvenir.

Celui que j'avais imaginé dans ce moment était basé sur le voyage que l'empereur devait faire à Embden, en traversant le Dollart, qui sépare cette ville de Delfzyl. C'est à son passage que je voulais l'enlever à l'aide des forces navales que l'Angleterre avait en ce moment à Heligoland et sur les côtes de la Hollande.

Des moyens fort innocens pouvaient suffire pour détourner de mon véritable but l'attention des commandans de plusieurs chaloupes canonnières stationnées dans l'embouchure de l'Ems. En cas de besoin, j'étais sûr de réussir par des intelligences secrètes (qui n'avaient cependant aucun but politique) avec plusieurs officiers de ces bâtimens de guerre ; mais je crois que Napoléon en eut connaissance, puisqu'il renonça à son voyage.

C'est lord George S....., capitaine de la frégate *l'Aimable*, qui commandait dans ce temps-là les forces navales stationnées à Heligoland. Je disais de lui qu'il portait le nez plus haut que le front, et je crois qu'il ne m'a jamais pardonné cette plaisanterie sur sa marche altière qui lui valut cependant plus d'une conquête parmi les belles Heligolandaises.

Mais je reviens au comte de Gottorp, avec qui je ne concluai rien par suite de différentes circonstances dont j'aurai occasion de parler plus tard, ainsi que de madame ***, qui était venue à Heligoland à cette époque, accompagnée de M. de K***.

Un jour je sortis avec le gouverneur, et nous nous acheminâmes vers un champ, où nous aperçûmes de loin le comte de Gottorp qui assistait aux évolutions qu'exécutait une partie de la garnison. Tout d'un coup il s'arrête, se retourne et s'en va. Comme il prit le chemin d'où nous venions, il lui fallut passer à côté de nous dans un étroit sentier. Il avait pleuré.

SUITE
DES
MÉMOIRES D'UN ÉTRANGER,
OU
VINGT ANS A PARIS.

Paris, chez l'Auteur, 85, rue de la Pépinière.
1839

Die in dem dritten Bogen der Mémoires d'un Étranger enthaltenen Träumereien haben einen höheren Zweck: sie können von wichtigem Erfolge seyn, wenn die Denker Europens darüber nachsinnen wollen.

Vielleicht löset dann die Reibung der Gedanken das große, dreifache Räthsel der Ewigkeit, der Zeit und des unendlichen Raumes.

Ausgestattet mit der Götter schönster Gabe, dem hohen, klaren Sinn, der nicht dieser Erde angehört, der in lichteren Räumen seinen Ursprung hat, der sich fern über das Maas der Zeit erstreckt, sind Sie die Erste in dem engen, auserlesenen Kreise derer, die einen Blick in das Jenseits werfen dürfen, wo des Ranges Schranke fällt, wo den Fürsten, wie den Bettler, seiner Thaten Lohn ereilt.

Wollen Sie dem Verfasser jenes Werks erlauben, Ihnen die ersten Bogen desselben ehrfurchtsvoll überreichen zu dürfen?

Er sieht mit Sehnsucht dem Augenblick entgegen, den ihm des Glückes Gunst bereitet, wo es ihm vergönnt seyn wird, mit tiefster Verehrung vor Ihnen das Knie zu beugen.

IMPRIMERIE D'AMÉDÉE GRATIOT ET Ce,
RUE DE LA MONNAIE, 11.

CHAPITRE XIII.

Napoléon et M. d'Is.. — Quelques souvenirs de la Frise orientale et de Paris.

J'ai parlé du voyage que Napoléon avait fait en Hollande. « Votre commerce, disait-il aux négocians d'Amsterdam, aura toute ma sollicitude. — Sire, lui répondit M. d'Is.., laissez-nous faire, nous n'avons pas besoin de vous. »

La Frise orientale réunissait aux époques dont j'ai parlé dans le précédent chapitre un grand nombre d'étrangers. On y menait joyeuse vie et l'or se répandait avec profusion.

J'assistai à un grand repas, dont la folle gaieté

fut un moment interrompue par une jeune personne qui se fit entendre sur la harpe. Lorsqu'elle eut fini, un des convives mit six doubles louis sur un assiette et la passa à son voisin. Quand elle eut fait le tour, il en retira un écu blanc, qu'il laissa tomber par terre, en le remplaçant par une poignée de pièces d'or, qui faillit faire déborder l'assiette.

On jouait gros jeu dans ce temps-là. Un jeune Anglais disait un jour à M. Graeser de Brême : « Décidément je ne jouerai plus; j'ai trop perdu depuis quelques jours. Mais que faire pour tuer le temps? Faisons une partie de billard. Nous ne jouerons qu'un louis, cela ne nous ruinera pas. » Graeser consent et on commence, mais insensiblement on s'échauffe, on double l'enjeu, et, au bout de quelques heures, l'Anglais a perdu deux mille cinq cent soixante louis, pour lesquels il veut donner un bon sur son banquier. « Vous voulez rire, lui dit Graeser, vous ne vous souvenez donc plus que nous sommes convenus que ce ne serait que pour passer le temps. »

J'ai revu M. Graeser à Paris en 1817. Il était un peu sourd. Un jour, M. Smith, qui avait le même défaut, dînait avec nous. Avant de nous mettre à table je lui dis : « Ce M. Graeser se moque de tout le monde ; il ne faut pas souffrir cela. » J'en dis autant à celui-ci sur le compte de Smith, puis j'engageai la conversation sur un jeune sourd-muet qui dînait avec nous. Ces messieurs ne tardèrent pas à s'adresser la parole et à tendre l'oreille pour mieux saisir la réponse, mais chacun crut que c'était pour se moquer de lui, et ils allaient se mettre joliment en colère lorsque j'y mis fin en avouant le tour que je leur avais joué.

Quelques jours après j'eus le plaisir de rendre un petit service à M. Smith en lui prêtant six cents francs pour retourner à Londres. Il avait perdu tout son argent chez Frascati, et il ne lui restait que son fils et sa fille qu'il avait mis en pension à Paris. C'était toute la sûreté qu'il pût m'offrir, car je ne le connaissais pas. Au surplus, je ne m'étais pas trompé sur son compte, car quelques jours après le courrier de Londres m'apporta un effet de mille francs sur Hottinguer, avec prière de remettre le reste à sa fille, rue Basse-du-Rempart.

M. Manners de L*** ayant su que j'avais prêté

de l'argent à M. S*** me dit : « *You may lose your money!* — *By no manners*, » lui répondis-je, ce qui ne m'empêcha pas de lui en prêter le même soir.

Il avait fait le voyage de Paris pour oublier une contrariété que je vais raconter avec ses propres paroles : « J'avais gagné quatre mille livres sterling, et je crus en tirer un excellent parti en les destinant aux dépenses d'une jolie femme qui venait de ruiner son dernier amant. Le jour même je tombai malade, et je dus me contenter de lui envoyer de l'argent à mesure qu'elle m'en demandait. Au bout d'un mois je n'en avais plus à lui donner, mais j'étais guéri, et j'allai aussitôt lui faire une visite ; elle était partie. »

A cette époque, le jardin Beaujon avait la grande vogue. On parlait d'un personnage qu'on y rencontrait tous les jours. « Il ne faut pas s'en étonner, dis-je, qu'il y prenne goût, puisque N*** l'a si bien accoutumé à monter et à descendre. »

CHAPITRE XIV.

Retour dans ma patrie.

De retour en 1814 dans ma patrie, je fus témoin de l'enthousiasme avec lequel les alliés furent accueillis, après les désastres qui venaient d'arrêter la marche victorieuse de Napoléon.

Je ne partageai pas cette joie, car j'étais déjà sous l'influence d'un charme que les exploits de ce grand capitaine avaient fait naître, et que ses revers ne firent qu'accroître. C'est ce qui explique ce qui a pu paraître contradictoire dans quelques-uns des précédens chapitres. Mais je continue.

Notre province rentra sous le sceptre de ***, que je n'ai pas encore nommé. Son grand aïeul nous avait accordé l'affranchissement du service militaire, mais depuis lors bien des choses avaient changé de face, et on était d'ailleurs dans les meilleures dispositions, de sorte que le nouveau gouvernement ne rencontra aucun obstacle, lorsqu'en 1815 notre province dut fournir son contingent, qui fut en grande partie moissonné dans une seule nuit, la veille de la bataille de Waterloo.

A peine les larmes, qu'avait fait couler cette nuit désastreuse, étaient-elles séchées, que nous reçûmes la nouvelle mortifiante, qu'au congrès de Vienne notre province venait d'être échangée contre d'autres territoires, et nous passâmes sous le sceptre d'un autre maître.

Ce fut à peu près à cette époque que j'étais allé voir des hommes sauvages. L'un était un vieillard de plus de quatre-vingts ans. Je lui fis demander s'il aimerait à revoir sa patrie : aussitôt que son conducteur lui eut interprété ma question, il éclata en sanglots, et je fus obligé de sortir pour pleurer à mon aise.

C'est alors que je commençai à mûrir un projet qui sommeillait déjà dans mon âme, et qui se rattache au voyage que j'entrepris l'année suivante à Munich.

Décret du 19 Juillet 1793.

Art. 6. Tout citoyen qui mettra au jour un ouvrage, soit de littérature ou de gravure, dans quelque genre que ce soit, sera obligé d'en déposer deux exemplaires à la bibliothèque nationale ou au Cabinet des estampes de la république, dont il recevra un reçu signé par le bibliothécaire, faute de quoi il ne pourra être admis en justice pour la poursuite des contrefacteurs.

Monsieur

En vertu de l'article 6 du Décret du 19 Juillet 1793 j'ai l'honneur de vous adresser ci-joint deux exemplaires des six premiers Cahiers des Mémoires d'un Etranger ou vingt ans à Paris. Paris, chez l'auteur 85 rue de la Pépinière. 1839. avec prière de vouloir bien m'en donner un reçu.

J'ai l'honneur d'être avec le plus profond respect

Monsieur.

Votre très humble et très obéissant serviteur.

Roentgen.

Paris ce 19 février 1839.

Auteur des Mémoires d'un Etranger ou vingt ans à Paris.

[illegible]

[illegible] 1837. [illegible]

[illegible]

Paris, 19 Juin 1837 [illegible]

[illegible]

www.ingramcontent.com/pod-product-compliance
Ingram Content Group UK Ltd.
Pitfield, Milton Keynes, MK11 3LW, UK
UKHW021551260726
13993UKWH00002B/764